DAS GESCHENK
Birgit Kutsche

DAS GESCHENK

Birgit Kutsche

Ein wahres Märchen
nach der amo ergo sum Philosophie
von Christina Kessler

»Das Geschenk« ist als Abschlussarbeit
im Rahmen einer Fortbildung bei Christina Kessler entstanden.

Weitere Informationen über die amo ergo sum Philosophie
finden Sie unter www.christinakessler.com.

Impressum

© tao.de in Kamphausen Media GmbH, Bielefeld

2. Auflage 2017, Birgit Kutsche
Alle Rechte an dem Märchen vorbehalten.

© Christina Kessler
Alle Rechte über die kommerzielle Verwertung des Konzepts
der 33 Herzensqualitäten und der amo ergo sum Philosophie vorbehalten.

Titelbild
»Der große Reigen« von Friedrich Hechelmann.

Umschlaggestaltung, Layout und Satz
Setzerei Schumacher, Radolfzell

Druck in Deutschland und weiteren Ländern
Verlag: tao.de in Kamphausen Media GmbH, Bielefeld, www.tao.de, eMail: info@tao.de
Herstellung: tredition GmbH, Halenreie 40-44, 22359 Hamburg

Bibliografische Information der Deutschen Nationalbibliothek:
Die Deutsche Nationalbibliothek verzeichnet diese Publikation
in der Deutschen Nationalbibliografie; detaillierte bibliografische
Daten sind im Internet über http://dnb.d-nb.de abrufbar.

ISBN
978-3-96240-034-7 (Hardcover)
978-3-96240-035-4 (e-Book)

Für Christina

Gelobt das Wort, das uns Flügel verleiht.
Hippokrates

Inhaltsverzeichnis

So fängt es an

Es war einmal ein wunderschönes kleines Mädchen. Sie wurde Shalima, »die die Erinnerung an die ewige Herzensliebe in sich trägt«, genannt. Schon als kleines Kind war sie ein ganz besonderes Kind, gab gerne und freute sich, wenn sie etwas machen konnte, was andere erfreute. Ihr ganzes Herz war Hingabe. Es verletzte sie nur, wenn das, was sie machte, freiwillig und von ganzen Herzen, nicht anerkannt wurde. Schon als Kind hatte sie einen unstillbaren Forschungsdrang und das Bedürfnis, Schönheit um sich zu verbreiten. Sie sehnte sich zutiefst nach Antworten auf Fragen, die sich in ihr entwickelten, ohne dass sie sie konkret benennen konnte. Die Menschen um sie herum waren ihr manchmal so fremd in ihrer Gleichgültigkeit, Traurigkeit, wo sie selbst doch etwas spürte, was wild durch ihre Adern klopfte, eine Freude und Gewissheit, die sie bei vielen anderen nicht sah.

Das kleine Mädchen fiel nicht nur ganz besonderen Menschen in ihrer Umgebung auf, sondern, aufgrund ihres reinen Herzens und ihres tiefen Ringens um Antworten, auch den Himmelswesen und Naturgeistern. Und sie waren voll Freude beim Schauen, beschützten und wachten über sie und als sie alt genug war, hatte die Hüterin des Regenbogens, die unserem Leben eine ganz neue lichtvolle Wendung geben kann, den Auftrag ihr das tiefe Wissen ins Herz zu pflanzen, dass die Erfahrungen wichtiger sind als alle Theorien. Denn die Theorien plustern sich gerne auf und drängen sich ganz wichtig in den Vordergrund, ungeduldig, voller Ansprüche. Am Ende aber müssen sie der Erfahrung weichen. Und wie wichtig das »unterwegs sein« ist, um – ja, heimzukommen und auf diesem Weg nie, nie den Blick auf das Wesentliche zu verlieren.

Je älter Shalima wurde, umso mehr zeigte sich, wie leidenschaftlich sie in allem, was sie tat, war. In den Wissenschaften fühlte sie sich wie zu Hause. Zu denken, zu forschen, tief, immer tiefer, war ihre Welt. Sie sah Dinge, die andere nicht sahen, sie schaute hinter die Dinge. Ganz besonders glücklich war sie, wenn sie unterwegs sein konnte, auf Reisen, andere Welten, andere Kulturen, Menschen kennenlernte, die sie inspirierten, ihr eine ganz andere Sicht auf die Dinge der Welt zeigten. Bei Schamanen und Weisen erlebte sie Wirklichkeiten, in denen andere Gesetze herrschten und es brachte ihr die Erkenntnis, dass nichts und niemand getrennt ist von der Welt, dass alles mit allem verbunden ist.

Und die Zeit wurde reif für eigene, ganz eigene Forschungen. Denn »es gibt Menschen, die gehen auf die Suche nach der Zukunft, wie andere auf die Suche nach neuen Kontinenten gingen. Ihr Wort nur bringen sie zurück, vielleicht einen neuen Blick.« (Edmond Gillard)

Viele, viele Jahre gingen ins Land, in denen Shalima die Erfahrungen der Mystik mit den Erkenntnissen der neuen Wissenschaften verband und eines Tages kam der Durchbruch.

12

Der kleine Naturgeist Fünkchen, zuständig für die Inspiration, indem er sie bestärkt und besiegelt, flatterte in dieser Zeit ganz besonders gerne um Shalima herum, denn jeder zündende Gedanke wurde aufgenommen, eifrig notiert, im Herzen und im Geiste.

Fünkchen haben so einige Mottos, eins davon »wenn du nichts mehr verstehst, ist alles klar« oder » wenn ein Fünkchen auftaucht, dann ist es möglich mit der Ewigkeit in Kontakt zu treten.« In genau so einem Moment überwand Shalima die Grenzen ihres Verstandes und tauchte in ein Geheimnis ein und das war das Mysterium. Und so entwickelte sich ihr Lebenswerk amo ergo sum. Es war eine Erkenntnis, die in Worten fast nicht zu beschreiben und dabei so einfach war. Ich liebe also bin ich.

Und am Anfang des neuen Jahrtausends war die Zeit reif, und Shalima, die die Erinnerung an die ewige Herzensliebe in sich trägt, und die Suchenden trafen aufeinander und hier, irgendwann Jahre später beginnt die Geschichte, wie ich sie erfahren habe und Euch erzählen möchte. Aber jetzt erst noch ein paar Zeilen über die Suchenden.

Die Suchenden

Zur selben Zeit, in einem ganz anderen Land, lebten die Suchenden in einer Landschaft, die, seit sie denken konnten schon ihr Zuhause war. Trotzdem, irgendetwas fühlte sich fremd an, sehr fremd. Klar, da waren warme Nischen, ohne die sie wahrscheinlich nicht überlebt hätten. Familie, Freunde, die Natur, ein geliebter Beruf, Bücher, der Austausch mit Gleichgesinnten und trotzdem … Fragen kreisten, Antworten, manchmal, leise. Darauf wieder triumphierende Zweifel, immer wieder! Leere, Konkurrenz, keine Zeit für die wichtigen Dinge, die, das wussten alle Suchenden, irgendwo da draußen waren, nur darauf warteten endlich, endlich gemacht zu werden. In ihren Herzen war nichts als Sehnsucht, tiefe Sehnsucht. Denn ihr Herz, eigentlich eine Quelle der Freude und der Kreativität, was war aus ihm geworden? Sie wollten endlich mutiger sein, ihr ureigenes Leben leben, Tigerqualitäten zeigen, wild denken dürfen.

Eines verließ sie nie, das war die Erinnerung daran, dass es so etwas gab. Eine Erinnerung wie ein zarter Duft oder eine Melodie. Und obwohl es nie der gleiche Duft oder die gleiche Melodie waren, da sie sich immer wieder neu bildeten, erkannten sie sie sofort und wussten dann wieder, dass es dieses Wunderbare, Kostbare gab. Die Künstler untern ihnen setzten in diesen Momenten der Ewigkeit etwas um, was diejenigen, die es erkannten, wie eine Ahnung tief berührte.

Und plötzlich tauchte diese Ahnung als geschriebenes und gesprochenes Wort, für diejenigen, die ein offenes Herz und dafür empfänglich waren, überall auf. Amo ergo sum – ich liebe, also bin ich. Eine Philosophie der Liebe mit dem Ansatz, dass alles mit allem verbunden ist. Und wie wichtig es ist, für sich selbst die absolute Verantwortung zu übernehmen, da sich erst dadurch in der eigenen Umgebung und im Ganzen alles zum Guten hin entwickelt. Und sie fühlten, es war die Wahrheit.

Und obwohl sie ein bisschen unsicher waren, gab es ihnen den Mut sich auf die Reise zu machen, sich auf neue Erfahrungen einzulassen. Nach einiger Zeit waren sie Feuer und Flamme, jeder auf seine eigene Weise, ihre Glaubenssätze und Ängste zu hinterfragen, zu lernen tief in ihr Herz zu hören und auf die Antworten, die sich entwickelten, zu vertrauen. Und wenn sie ihr tiefstes, wahres Selbst gefunden hatten, das sich in gelebter Liebe, Wahrheit und Freude zeigte, dann brachten sie dieses Glück in die Welt und verwandelten ihr ganzes Umfeld auf eine magische Weise.

Und wenn Ihr von dieser Reise ein bisschen mehr erfahren möchtet, dann nehme ich Euch jetzt mit auf eine abenteuerliche Reise, auf der wie es in Märchen so üblich ist, um einen Schatz geht. Ein Schatz, wie er kostbarer nicht sein kann. Neugierig geworden, dann kommt mal mit

auf die Reise der Suchenden zum Selbst.

16

Die Befreiung
von allen geistigen Begrenzungen

Im Land der Suchenden sind die Menschen, wie überall auch, sehr verschieden. Und als diejenigen, die das erste Mal mit amo ergo sum in Berührung kamen, zusammen saßen, merkten sie, dass es eine ganz andere Qualität des Zusammenseins war. Es war wie ein Heimkommen, obwohl sich die meisten gar nicht kannten. Das passiert, wenn sich Menschen treffen und ohne Wertung begegnen. Und da sie dies in dieser Art nicht gekannt hatten, wunderten sie sich sehr und wollten mehr darüber wissen.

Und sie erfuhren, dass in der Regel ihr wahres Selbst von einer ganz dicken Schicht Prägungen, die gar nichts mit ihnen zu tun hatte, überdeckt ist. Das kam daher, dass sie alle in eine Kultur hineingeboren wurden, in der sie von den Alleskönnern, den Zweiflern und den Weisen, den Aufrechten, den Nörglern, den Wilden und den Ängstlichen, den Gerechten und Ungerechten, von Langweilern und von vielen anderen mehr beeinflusst wurden und gar nicht merkten, dass sie fremde, nie hinterfragte Ansichten als wahr ansahen, einfach, weil es immer so war. Und da dies auch nach vielen, vielen Tausenden von Jahren noch nie hinterfragt wurde, kam es noch schlimmer, sie merkten gar nicht, dass dies alles mit ihnen nichts zu tun hatte, sie waren sich auch noch sicher, dass sie selbst so dachten und fühlten. Und da es meistens gar nicht mit Ihnen zu tun hatte, wurde diese Schicht manchmal so eng und hart, dass sie sich sehr unwohl in ihrer Haut fühlten, falsche Entscheidungen trafen, von ihrer Wahrheit sich so weit entfernt hatten, dass sie oft nur noch ein nebelhaftes Gefühl von »da stimmt etwas nicht« hatten. Sie sahen die Welt also nicht wie sie wirklich ist, sondern wie sie sie zu sehen gelernt hatten und gewohnt waren.

Als die Suchenden dies erfuhren, waren sie sehr erschrocken und schüttelten ungläubig den Kopf. »Das kann doch nicht wahr sein« meinten sie, wurden aber sehr nachdenklich, als sie merkten, dass sie auf so vieles im Leben doch immer gleich reagierten, obwohl es ihnen nicht gut tat. »Warum merken wir das erst jetzt? Wie ist das möglich? Woher kommt das?« Und als sie erfuhren, dass es hauptsächlich daher kam, dass sich die Menschen immer auf die Unterschiedlichkeiten konzentriert hatten anstatt sich auf das Verbindende zu besinnen. Und eine Ahnung, was das bedeuten könnte, entwickelte sich in ihren Herzen.

Die Vorsichtigen unter den Suchenden wussten noch nicht genau, ob sie etwas an dem Leben, so wie sie es führten, ändern oder loslassen sollten. Immerhin hatten sie ihr ganzes Leben lang so gelebt und ihre Eltern und Ureltern und Urururureltern genauso. Wer Macht hatte, hatte sie sich »irgendwie« verdient, manche konnten manches einfach besser, das Geld, die Wirtschaft, die Gesellschaft, wo kämen wir hin, wenn da nicht Ordnung herrschte? Wir leben schließ-

18

lich nicht im Paradies. Auch die Ahnung von Weisheit und etwas Göttlichen war bei allen da und es machte ihnen Angst, diese Sicherheit, diesen vermeintliche Halt, aufzugeben. Am meisten Angst hatten sie jedoch vor einer Bestrafung, wenn sie irgendetwas tun sollten, was vorher noch nie so getan worden war. Und die allergrößte Angst war die, dann nicht mehr geliebt zu werden.

Den Suchenden schwirrte der Kopf.

Es hallte in ihren Köpfen. Richtig, falsch, ja, nein, gut, schlecht.

Das Denken und das Fühlen gingen einfach immer wieder getrennte Wege.

Sie trugen alle ähnliche Masken, trauten sich nicht zu zeigen, was sie bewegte.

Dabei bemühten sie sich doch schon so lange, es besser zu machen, ihr Leben schöner, tiefer zu leben, aber es war so schwer. Wie oft hatten sie schon Dinge getan, um andere zu überzeugen. Es klappte nicht. Wie oft dachten sie, der andere müsste sich einfach nur ändern, dann wäre es ganz einfach. Es klappte nicht. Dadurch fühlten sie sich oft einsam und isoliert, weil sie nicht vergessen konnten, was der andere gesagt oder getan hatte. Und dieselben Dinge passierten auch noch wieder und wieder. Das war so langweilig und irritierend und die Frage, warum immer wieder ich, erschallte tausendfach. Und überhaupt, was war mit den anderen Menschen? Da war es eigentlich ganz einfach die Fehler zu sehen, warum änderten sie also nichts?

Die Suchenden waren diese Fragen so leid. Hatte es doch bis heute zu nichts geführt. Sie ahnten, dass es damit zusammen hing, dass sie es verlernt hatten, sich auf ihre eigene Stimme zu verlassen, hörten und lasen sie doch den ganzen Tag fremde Stimmen, die unaufhörlich auf sie einredeten und die meisten von den Suchenden waren sich sogar sicher, aus diesen ganzen Stimmen ihre eigene Meinung zu bilden und anschließend zu wissen, was richtig und gut für sie war.

Sie hatten die Sprache ihrer Seele vergessen.

Ach, und die Liebe!

Verstrickungen, Abhängigkeit, Spielchen, bei denen sie sich gegenseitig Lebensenergie raubten, weil sie alle nicht wussten, dass sie diese wunderbare Energie aus sich selbst heraus erzeugen konnten. Mit Liebe hatte das alles aber auch gar nichts zu tun. »Ach, wenn ich könnte …« seufzten sie und plötzlich war er da, der Weckruf der Seele. Es ging darum ihre eigenen Wünsche zu erfüllen, dafür Verantwortung zu übernehmen. Und als die Suchenden ganz tief in sich hineinschauten, merkten sie, wie schmerzvoll diese Erkenntnis war, liefen sie doch schon ihr ganzes Leben auf der Suche nach Glück dem Leiden hinterher.

Was also war zu tun?

Angst, Leere, so viele Fragen, wenig Antworten.

Und obwohl die Ahnung von Licht in ihren Herzen war, verfinsterten die vielen alten Überzeugungen nach wie vor immer wieder ihren Alltag.

20

Wer bin ich?

Wer bin ich wirklich?

Innere Unruhe, Schlaflosigkeit, Müdigkeit und körperliche Beschwerden plagten sie. Alte Strukturen wackelten, das was Halt gegeben hatte, wurde instabil. Die Dinge sortierten sich neu, ein anderes Gleichgewicht entstand.

Aufstehen, weitergehen, dranbleiben.

Alles, woran sie bis jetzt geglaubt hatten, mussten sie zurücklassen und je mehr sie wagten, umso mehr Tore öffneten sich.

Die Fünkchen, die in großer Zahl um die Suchenden herumschwirrten, waren begeistert. »Endlich ist es soweit, wir müssen ihnen nur noch ein paar sprühende Gedanken ins Herz setzen. Nicht mehr »entweder oder« sondern »sowohl als auch« war die Devise. Jedes Fünkchen suchte sich einen Suchenden aus, ging es jetzt doch auf eine geheimnisvolle Reise tief, tief hinab. Und da es sich für manche richtig gefährlich anfühlte, brauchte jeder eine etwas individuellere Begleitung.

Und falls Ihr jetzt mehr dazu erfahren möchtet, im nächsten Kapitel geht es weiter.

Die Rückverbindung
mit dem wahren Selbst

Jetzt konnten sie nicht mehr so tun als ob, auf der Reise zu sich selbst.

Geht nicht, kann ich nicht, an diesem Punkt ging das nicht mehr.

Es wurde ernst. Sie waren unterwegs um zu schauen was ist und was in ihnen war.

Sie wagten es.

Sie waren das Wagnis!

In ihre Umhänge gewickelt, die sie gegen Kälte und Gefahren schützen sollten, stiegen die Suchenden hinab. Es ging tief hinunter, noch tiefer, in den Untergrund, in die Unterwelt. Und bevor sie es sehen und spüren konnten, hörten sie es, ein Meer von Stimmen, Bildern, gemurmelten Geschichten, alles, was sie je erfahren, erlebt, gesehen und gehört hatten, Glaubensmuster, mit denen sie aufgewachsen waren, intuitives Wissen, Fähigkeiten, so viel Schönes aber auch alles, was sie verdrängt und abgespalten hatten, weil es nicht gelebt werden durfte. Alles war da. In ihnen, schon immer, seit ewigen Zeiten als Traumbewusstsein. Überwältigt standen die Suchenden da und wussten, das bin ich, das ist die

Wirklichkeit. Es ging nur noch um die eigene Wahrheit. Und als sie Schritt für Schritt durch ihre eigene Unterwelt gingen und sich den Dämonen stellten, merkten sie, dass sie über sich hinauswuchsen. Nicht über das Menschsein, aber über das, was sie so lange festgehalten und gebremst hatte.

Es ging darum das eigene Leben zu leben.

Was mussten sie tun?

Hinschauen.

Genau hinschauen was ist.

Nicht was hinter ihnen lag, sondern das was jetzt vor ihnen auftauchte. Denn das wollte angeschaut werden, sonst kamen sie wieder ins Stolpern und das kannten sie zur Genüge und wollten es nicht mehr. Für das Unterbewusstsein war das alles ganz neu. Es wusste zwar schon immer, dass es ALLES war, aber es kannte so gar nicht das Gefühl, liebevoll und voller Wertschätzung angenommen zu werden. Und da es es liebte unterhalten zu werden, half es eifrig mit, die alten Geschichten, da wo es noch klemmte, zu finden. Ganz besonders begeistert ließ sich das Untere Selbst mit den Worten locken: »Komm, lass uns unsere Träume verwirklichen«. Dann hüpfte es vor Freude wie ein Kind.

Für die meisten Suchenden war es ganz neu zunächst einmal ihren eigenen Anteil, das was sie störte oder ängstigte zu hinterfragen, was es ihnen denn zeigen wollte. Und dann auch noch wertzuschätzen?

24

Die Krönung von allem war dann auch noch, als sie erfuhren, dass sie zu allem, was ihnen je passiert war JA gesagt hatten.

Aber nach dem ersten Schreck kam die Erleichterung:

Keine Säcke mehr voller Probleme durch die Welt tragen zu müssen.

Nicht mehr der ewige Schrei, warum, sondern – wie gehe ich damit um.

Sie durften sich entscheiden, wie sie sich fühlten.

Das war absolutes Neuland für sie.

Und als sie immer mehr lernten ohne Vorliebe und Abneigung das zu tun, was getan werden musste, da wurde es einfacher auf ihre innere Stimme zu hören, die von der göttlichen Ordnung in Form des Gewissens wusste. Die Sehnsucht nach Vollkommenheit, die in der Vergangenheit immer der Wunsch war alles perfekt zu machen, ließ sie jetzt in ihrem Sein und in ihrem Tun achtsamer werden.

Indem sie mehr Mitgefühl und Wertschätzung allem und jedem gegenüber entwickelten und lernten Probleme und Krisen, Schmerz und Leid als Schule des Lebens zu sehen, hörten sie den Ruf ihres Herzens wie sie ihn noch nie zuvor gehört hatten.

Und da war Andacht.

Stille.

Die Bitte um Führung,

und eine tiefe Demut.

Und da öffnete sich das Tor und sie durften sich dem Göttlichen hingeben, sie wurden verbunden. In genau diesem Moment erhielten sie wertvolle Botschaften, Fragen wurden beantwortet. Jeder spürte diese Anbindung etwas anders, als glückselige Gänsehaut oder einem tiefen Gefühl von Wärme und Freude, aber eines war bei allen Suchenden in diesem Moment gleich:

Die Erkenntnis von Wahrheit, Liebe und Freude und tiefe Absichtslosigkeit und Güte.

So fing es an, ohne dass sie es gleich in seinem ganzen Umfang begriffen hätten. Ganz tief in ihrem Wesen war etwas berührt worden. Zum ersten Mal war da eine Ahnung von einem Leben, wie es auch sein könnte. Die Suchenden konnten fast nicht glauben, was ihnen da widerfahren war. Und obwohl sie dieses nicht in Worten zu fassende Erlebnis erlebt hatten, wurden sie doch schnell immer wieder unsicher. Und sie waren erleichtert zu erfahren, dass es sehr wichtig war diese, ihre Unsicherheit zuzugeben. Denn nur so konnte immer wieder Leere entstehen und sich etwas Neues entwickeln. Es gab ein Symbol für diesen Prozess und das waren die wachsenden Ringe.

Sobald sie merkten, dass im außen etwas nicht stimmte, gingen sie nach innen, schauten liebevoll, was war mein Anteil daran und gingen damit wieder nach außen. Dadurch verwandelten sich die alten Dinge und gleichzeitig öffneten sich die Türen zu der nächsten höheren Ebene ihres Bewusstseins. Sie wurden dadurch nicht besser oder anders, sondern zu denjenigen, die sie wirklich waren.

Dieses Neue zeigte sich in den kurzen Momenten, an denen sie frei von Erwartungen und Forderungen waren. Keine Verstrickungen mehr hatten, sondern Gelassenheit fühlten. Jeder kleine Moment, an dem sie es schafften, so zu sein, wie sie gemeint waren, half ihnen sich auf die tiefe Wahrheit auszurichten: dass sie alle tief im Inneren Liebe sind und dass sie deshalb jederzeit Liebe erfahren können.

Und es ging darum, sich immer wieder, jeden Tag, jede Stunde, daran zu erinnern.

Ganz besonders, wenn sie ärgerlich oder ängstlich waren, immer wenn ihnen Lieblosigkeit begegnete und Trennung und ganz besonders dann, wenn sie sich wieder dabei ertappten Verantwortung abzugeben. Und jedes Mal, wenn sie dann wieder auf ihr Herz hörten und sich führen ließen, passierte genau das gleiche.

Es war so einfach:

Hinschauen

Annehmen

Loslassen

Das Niemandsland aushalten

Auf sein Herz hören, was will sein,

und dann umsetzen,

ohne wenn und aber

Und das Schönste war, es wirkte.

Denn da, wo sie dieses Prinzip lebten, ordnete sich alles und die göttliche Intelligenz arbeitete.

Sie brauchten keine Methoden mehr, was für eine Erleichterung.

Wenn sie angebunden waren, wurde ihnen die Lösung präsentiert.

Das intuitive, klare Wissen, was ist.

Und aus diesem ganzen Wissen kam die einzige Botschaft, die stimmte.

Und da kam das Staunen – JA!!

Ein bedingungsloses JA.

Das Mittlere Selbst hatte beobachtet, wie sich das Untere Selbst und das Hohe Selbst in Liebe begegnet waren. Da war es ihm plötzlich ein Leichtes, als Wanderer zwischen diesen Welten herumzuspazieren, mal hier mal dort hin zu schauen, das, was getan werden musste, zu tun, und es war glücklich, zu spüren, wie sie alle drei harmonisch und liebevoll miteinander arbeiteten. Plötzlich war es für die Suchenden viel leichter sich zu zeigen, wie sie waren, spontan zu sein, den Alltag müheloser zu gestalten, ganz besonders die Entscheidungen, was dem Leben diente und was loszulassen war, wurde einfacher. Je mehr sie liebten, mit dem Herzen sahen, umso mehr erlebten sie die innere Führung für den richtigen Augenblick, auch wenn es manchmal schmerzvoll war.

Es stimmte:

Die Wahrheit ist dort, wo es am einfachsten ist.

Dort, wo es einfachsten ist, ist es am stimmigsten.

Und wo es am stimmigsten ist, da bin ich selbst.

Und die Suchenden bekamen Aufgaben:

Schönheit und Freude ins Leben und in den Alltag bringen.

Vom Notwendigen das Beste.

Das Wichtigste zuerst.

Und die Hüter des Tages, deren Motto es war »es gibt nichts Gutes, außer man tut es« wachten über sie.

Tore zum Paradies

Die Herzensqualitäten

Es war soweit.

Der alte schwere Umhang, hinter dem sich die Suchenden gerne versteckt oder sogar sicher gefühlt hatten, konnte abgelegt werden.

Dafür wurde ihnen etwas anderes geschenkt.

Ein Geschmeide, das auch die »Perlen der Weisheit« genannt wurde.

Von diesem Geschmeide ging eine Qualität aus, als wäre es aus Sonnenstrahlen, Tautropfen und Sternenstaub, aus reiner Energie geschliffen worden. Eingearbeitet waren ganz feine Blumen, die sogar dufteten, der Gesang der Vögel, das Raunen der Bäume, der Ton des Meeres und noch vieles Schönes, was auf dem ersten Blick gar nicht gleich zu erkennen war.

Das schönste aber von allem waren die »Perlen der Weisheit«, die dreiunddreißig Herzensqualitäten, die ein Feuer versprühten, »das nichts verbrannte aber alles durchglühte«. (Peter Horton)

Sie überstrahlten alles mit ihrem Glanz und was mit ihnen in Berührung kam.

Jede Herzensqualität hatte sogar einen ganz besonderen Ton und wenn alle Töne sich zu einer Melodie zusammenfanden, erklang eine derart himmlische Musik, dass die Herzen erzitterten. Es war die Klangwelt einer Sprache, die aus dem Herzen sprach. »Ein mystisches Lied für alle hoffenden Herzen.« (Peter Horton)

Die Suchenden waren sprachlos.

Was für ein Geschenk.

Sie trauten sich erst gar nicht, sich damit zu schmücken.

Waren sie es wert, so etwas Kostbares zu tragen?

Aber als sie es vor dem Spiegel ausprobierten, begannen ihre Augen zu glänzen.

Es passte sehr gut, es kleidete sie, sie sahen ganz anders aus, ein Strahlen ging von ihnen aus.

Andächtig legten sie es zurück in die Schatulle, um es zu schonen und nur zu ganz besonderen Anlässen zu tragen. Während sie noch dabei waren, hörten sie eine ganz feine Stimme sagen: »Habt Mut!«

Vor ihnen stand eine wunderschöne Fee, die schon alles gesehen hatte, der nichts fremd war und doch eine liebevolle und geduldige Ausstrahlung hatte: »Habt Mut euch damit zu zeigen! Versteckt euch nicht mehr! Ihr seid schon auf einer so langen Reise unterwegs und ohne, dass ihr dieses göttliche Geschenk nicht schon unbewusst benützt hättet, wäre es mir nicht möglich gewesen, euch dieses Geschenk zu übergeben. Denn erst jetzt erkennt ihr den wahren Wert dieser Gabe. Die wichtigste Voraussetzung, dass ich es euch geben darf ist die Bedingung, dass ihr es täglich, jeden Tag, jeden Augenblick, bei jeder sich bietenden Gelegenheit tragt. Denn die »Perlen der Weisheit« bekommen erst dadurch, dass man sie trägt, einen tiefen und reinen Glanz und werden immer wertvoller. Auf diese Weise sehen auch andere Suchende den Glanz und bekommen Sehnsucht, so wie ihr sie schon lange unbewusst gespürt habt. Und denkt daran, die 33 Herzensqualitäten sind das Wichtigste an diesem Geschenk. Sie sind die Tore zu Euren Herzen, die in die geistige Freiheit führen.«

Die Herzen der Suchenden erkannten ohne den geringsten Zweifel, dass die Fee die Wahrheit gesprochen hatte.

Die Intelligenz der Liebe war freigesetzt worden.

Sie merkten, dass sie das Leben, sich selbst und die anderen liebevoller annehmen konnten. Auch war es einfacher geworden, Schmerz in Freude zu verwandeln und das Jammern zu lassen. Es wurde jetzt viel wichtiger zu spüren, was dient denn dem Leben und dadurch in den Fluss des Lebens zu kommen. Gefühl und Verstand wurden durch die Liebe verbunden und sie begannen mit vollem Herzen zu leben.

Und die kosmische Ordnung begann.

Bisher hatten sie vieles nicht ausgedrückt oder gezeigt, aus Angst und Unsicherheit. Von klein auf mussten sie unterdrücken, das was sie wirklich fühlten und so hatten sich regelrecht Panzer um ihre Herzen gebildet. Auch hielten sie die Dinge im außen so beschäftigt, dass sie nicht in ihr Inneres kamen, in ihre eigene Kraft, in ihre Verantwortung.

Eigenschaften wie Kritiksucht, Misstrauen oder Gier und zähe Energien wie Faulheit, Rechthaberei, Trägheit, Undankbarkeit und Starrsinn machten ihnen sehr zu schaffen und ließen sie nicht von der Stelle kommen. Jetzt mussten sie den Mut haben sich auf diese Eigenschaften, wann immer sie auftauchten, zu konzentrieren, tief in ihr Herz zu führen und sie anzuschauen. Es galt diese Schwächen mit Hilfe der Liebe in eine Herzensqualität umzuwandeln. Und je öfter sie es versuchten und diese Eigenschaft, die sie innerlich so plagte, nicht mehr bewerteten, verwandelte sie sich ins Gegenteil. Es war eine richtige Befreiung diese Trennung zu überwinden, alles in Schönheit zu verwandeln. Wurden sie doch Zeuge davon, dass beide Eigenschaften nur die beiden Seiten einer Münze sind.

Das ganze Leben zuvor hatten sie versucht aus einem trennenden Bewusstsein in ein verbindendes Bewusstsein zu gehen. Kein Wunder, dass das nicht klappte.

Bevor sie den innersten Raum ihres Herzens betreten durften – und das benötigte einige Zeit der Übung – mussten sie erst einmal alles zurücklassen, was sie glaubten zu sein. Der Hüter dieser Schwelle kannte ALLES und man konnte ihn nicht überlisten.

Also mussten sie jetzt erst einmal üben.

Sie redeten nicht viel darüber, sondern fingen an diese Erkenntnis zu leben.

Eine große Herausforderung war, die Dinge nicht mehr wegzuschieben, sondern sie zu begrüßen. Und damit war wirklich ALLES gemeint.

Die Suchenden lernten, tief in ihr Herz zu hören und die Allverbundenheit der Liebe wahrzunehmen. Sie waren dabei noch etwas scheu und ängstlich, wurden aber immer sicherer. Wenn es zum Beispiel im Alltag nicht gut lief, richteten sie sich darauf ein in die Liebe zu kommen und sich zu fragen, welche Qualität sie denn jetzt bräuchten.

Es galt nicht mehr, auf etwas hinzuarbeiten. Es hieß das Leben zu lieben und zwar JETZT. »Was braucht es jetzt, was braucht es von mir« diese Fragen halfen ihnen sehr dabei. Nicht mehr wie – sondern – was steht an. Ab sofort waren sie der Entscheider und sie wollten sich nicht mehr von außen reinreden lassen. Sie machten den ersten Schritt – die Bereitschaft. Das war die erste Herzensqualität.

Das wilde Herz in ihnen wollte nie mehr sagen, es ist zu schwer.

Es teilte mit, was dran war und das gab Kraft.

Die Suchenden waren begeistert.

Sie wollten, mussten jetzt hinaus um zu ändern, was so bitter nötig war.

Da sie eine große Begeisterung dabei erfüllte, war ihre Schale voll, denn nur mit einer göttlichen, vollgefüllten Schale war es ihnen erlaubt zu geben. Und als sie anfingen zu schenken, sich zu verströmen, da bekamen sie auch viel zurück.

Und das war das Wichtigste.

Ab sofort immer zuerst nach innen zu gehen. Erst dann wenn sie die Qualität ihres Herzens fühlten und das Allverbindende entdeckten, erst dann durften sie auf eine Art magisch verwandelt wieder nach außen gehen.

Je länger die Suchenden übten, desto mehr Selbstachtung empfanden sie auch für sich selbst. Sie nahmen sich jetzt eher in ihrer Menschlichkeit an und mit diesem Wissen fiel es ihnen auch immer leichter sich und den anderen zu vergeben.

Wenn es auf allen Ebenen stimmig wurde, sprach ihr Herz klar und deutlich, was gemacht werden musste. Und je klarer sie waren, umso weniger hatte der kleine Saboteur, der, obwohl er sehr klein war, eine große Macht hatte, eine Chance. Darüber waren die Suchenden sehr erleichtert.

So lernten sie leicht und auf spielerische Weise die Herzqualitäten zu leben.

Wenn sie zum Beispiel zu einem Thema Zweifel hatten und sie um Klarheit baten, dann konnten sie dank ihrer inneren Stimme das Richtige vom Falschen unterscheiden.

Wichtig war zuerst einmal die Entscheidung dazu.

36

Und wenn sich Klarheit zeigte, kam das Vertrauen, die nächste Herzensqualität. Jedes Tor, das bewusst durchschritten wurde, führte automatisch zu einer weiteren Tugend, wie die Herzensqualitäten auch genannt werden. Alle standen in einer inneren Verbindung zueinander. Egal, wo die Suchenden standen, da war immer ein Tor, das sich öffnete. Und in jeder Herzensqualität waren die anderen schon drin, sie bewegten sich also mit, wenn eine Qualität gelebt wurde.

Die Suchenden merkten, dass es funktionierte.

Nichts mehr erwarten, nicht mehr fragen, woher etwas kommt.

Sondern in Liebe handeln.

Und dann wirkt die Liebe.

Das war Vertrauen ins Leben.

Natürlich meldete sich immer wieder Klein-Saboteur mit oberwichtigem Getue: »Na, da ist aber schon die Situation schuld und dieses Menschlein oder jenes sowieso.« Es brauchte viel Disziplin – auch eine Tugend – um diesen kleinen Wichtigtuer immer wieder beiseite schieben zu können. Er hatte so lange in ihrem Hause gelebt, dass er sich immer wieder mit einer großen Selbstverständlichkeit darin breit machte.

Die Suchenden übten sich in einer wunderbaren Kunst, der Lebenskunst. Es galt innere Welten zu erforschen, andere Sprachen zu sprechen. Nicht mehr unbewusst, sondern bewusst zu handeln. Es ging nicht darum etwas zu machen, sondern sich für etwas zu öffnen, was schon da war.

Shalima gab ihnen ein paar Gedanken mit auf den Weg, die den Suchenden sehr halfen.

Wenn ich in meiner Kraft bin – tun.

Wenn ich verwirrt bin – nach innen gehen.

Der Trick: Es muss gelebt werden

Der Geschmack: So ist es richtig

Sie mussten der Schritt sein, dass etwas Göttliches passiert.

Das ist Amo-Qualität.

Das Wissen ging von Herz zu Herz.

Die wunderschöne Fee, die sah, dass die Suchenden nicht vergessen hatten, jeden Tag ihr Geschmeide zu tragen, freute sich sehr, dass ihr Geschenk so wertgeschätzt wurde. Sie versammelte sie um sich und gab ihnen noch etwas Wichtiges mit, waren die Suchenden doch kurz davor, die nächste Station ihrer Reise anzutreten.

»Ihr kennt inzwischen die meisten Herzqualitäten. Ihr habt erkannt, dass die Antwort eures Herzens immer klar und deutlich spricht, was ansteht. Wenn es auf allen Ebenen stimmig ist, dann fühlt es sich jetzt für euch kraftvoll und richtig an. So erkennt ihr die innere Ordnung. Diese segensreiche Auswirkung der Herzensqualitäten erfahrt ihr nur, wenn ihr sie wirklich lebt. Alle sind gleich wichtig, vergesst das nie. Mit ihrer Hilfe habt ihr auf dem Weg zu Euch selbst Erkenntnis erhalten, das war das Einfalten nach innen. Auf dieser Ebene habt ihr gelernt mit dem Herzen zu hören, Schwächen in Stärken zu verwandeln, die kleinste Veränderung zu spüren, euch auf die Liebe auszurichten. Auch bei der zweiten Erkenntnis, der Verbindung von Herz und Verstand stehen sie euch mit aller Kraft zur Seite. Ihr durchschaut dann mehr das Trennungsbewusstsein, schaut hinter das Ego und bekommt ein Gespür für die Verbundenheit mit dem Ganzen. Ihr könnt mehr hinter die Dinge schauen und eure Intuition wird geschärft. Es gibt keine Zweifel mehr. In dieser Phase kommt es auch darauf an Demut zu zeigen, auch wenn das für manchen von euch manchmal sehr schwierig ist. Auf der nächsten Ebene, der dritten, lernt ihr, das innere Wesen des Ganzen zu verstehen und dafür braucht ihr eine tiefe Hingabe und Klarheit. Das kosmische Bewusstsein und eure soziale Intelligenz arbeiten dann zusammen, ihr entfaltet euch nach außen. Das ist die eine Bewegung, von der ihr immer wieder gehört habt.«

Die Suchenden, denen es inzwischen immer besser gelang, Trennung in Liebe zu verwandeln, brachten damit viel Glanz in ihren Alltag. Es wurde viel Energie und Lebensfreude frei und sie jubelten JA und machten sich daran Pläne zu machen und Träume aus tiefen, verstaubten Winkeln hervorzuholen.

Ging es doch jetzt darum den Himmel auf die Erde zu bringen.

Auf den nächsten Seiten sind die 33 Herzensqualitäten in ihrer Essenz alle aufgelistet. Wenn ihr sie in aller Stille und mit viel Achtsamkeit in euch aufnehmt, berühren sie schon beim Lesen euer Herz und bringen etwas zum Klingen. Falls ihr euch tiefer einlassen möchtet – Christina Kessler hat ein wunderbares Buch über die »Herzensqualitäten« geschrieben, aus dem auch die nachfolgenden Affirmationen und Texte entnommen sind.

Danach möchte ich euch gerne noch auf die letzte Etappe der weiten Reise der Suchenden mitnehmen und euch erzählen, wie es ihnen gelang, den Himmel auf die Erde zu bringen.

Herzensqualitäten und Affirmationen

Herzensqualitäten sind die Facetten der Liebe, jene Eigenschaften, die uns befähigen, das Leben, uns selbst und andere Menschen liebevoll anzunehmen, Negatives in Positives und Schmerz in Freude zu verwandeln. Der Aufbau der Herzensqualitäten folgt einer konsequenten und inneren Logik. Sie ermöglichen einen direkten und unmittelbaren Zugang zur inneren Ordnung. Desgleichen führt eine Qualität zur Entwicklung der nächsten. Über drei Ebenen hinweg können wir auf diese Weise das gesamte Spektrum des Bewusstseins erschließen und zum Leben erwecken.

Erste Ebene:
Mit dem Herzen hören – Befreiung von geistigen Begrenzungen

Die ersten elf Herzensqualitäten dienen der Befreiung von geistigen Begrenzungen und öffnen den Kanal der Intuition. Sie befähigen uns, mit dem Herzen zu hören, und verschaffen uns den ersten Einblick in die universelle Wahrheit.

1
Bereitschaft

Ich bin bereit.
Bewusst b e r e i t e ich
Liebe und Weisheit einen Raum.

Bereitschaft ist eine Eigenschaft, die sich aufgrund der eigenen Reaktion auf den Ruf der Liebe entwickelt. Es ist die Bereitschaft, ein ethisches Leben zu führen. Es ist die Auswirkung der Begegnung von universaler Liebe mit menschlicher Liebe, von universaler Hoffnung und menschlicher Hoffnung.

Bereitschaft macht uns zu einem Gefäß, in das die Fülle des Lebens und der Liebesintelligenz einströmen kann. Bewusst bereitet sie der Weisheit einen Raum.

2
Bejahung

Ich lade das Leben ein.
Ich entfalte die universelle Ordnung
in mein Dasein.
Ich habe die freie Wahl,
und deshalb entscheide ich mich
für Wahrheit, Liebe und Freude.
Ich kann.

Die Schöpfung kennt kein Nein. Liebe ist Wahrheit und Freude; sie ist Bejahung – das Gegenteil von Trennung und Verneinung. Sie beurteilt nicht, vergleicht nicht, richtet nicht. Als Prinzip der Verbindung arbeitet sie stets zum Wohl des Ganzen. In der Bejahung vollzieht sich die Einstimmung auf die Wahrheit.

3
Wahrhaftigkeit,
Ehrlichkeit, Authentizität

Mein hohes Selbst
ist meine einzige Autorität.

Ein wahrhaftiger Mensch gehört sich selbst, ist in sich selbst verankert und weiß, dass nur von dort ein Weg in die Tiefe der Existenz führt. Er spürt, was wahr ist. Denn das Wahre kommt aus ihm selbst heraus: Oft neu, gerade eben jetzt aus der Kraft des Augenblicks geboren, fühlt es sich angenehm, heil und ganz an, macht Freude und setzt Lebenskraft frei.

4
Mut

Ich folge meiner höchsten Vision.
Ich verwirkliche meine Träume.
Ich lebe meine Ideale.

Echte, aus dem Inneren kommende Träume gehen immer mit hohen Idealen einher. Sie verlangen danach, dass wir all unsere Fähigkeiten, Talente und natürlichen Anlagen, ja, unser gesamtes Potential leben, uns voll einbringen und ausdrücken, uns nicht mehr verstecken hinter althergebrachten Vorstellungen. In unseren tiefsten Träumen liegt die höchste Macht verborgen. Sie geben uns die Energie zum Weitergehen und erfüllen unser Sein und Tun mit Sinn, Begeisterung und Leidenschaft.

5
Willenskraft

Ich nehme meinen Platz im Ganzen ein.
So will ich es, und so sei es.

Jeder Mensch hat ein ganz spezielles, einzigartiges Bündel von natürlichen Anlagen, Fähigkeiten und Talenten. Dieses Potential zu leben, dafür sind wir auf der Welt, und das macht in der Regel auch am meisten Spaß. Bewusster Wille ist eine lebendige Kraft, die mit Entschlossenheit und Zielstrebigkeit einhergeht. Erst der Wille verleiht Handlungsbereitschaft und Ausdauer. Diese Eigenschaften sind wichtig, um über sich selbst hinauszuwachsen und etwas im Leben zu vollbringe, was man sich bis dahin vielleicht gar nicht zugetraut hätte.

6
Akzeptanz

Ich nehme die Herausforderungen
des Lebens an.
Ich bin einverstanden
mit dem Augenblick.

Sich allem zu stellen heißt: dem, was der Augenblick bringt, unbeirrt ins Auge schauen; sich weder abwenden noch fliehen, sondern stehen bleiben – egal, was wir erblicken, egal, wie unangenehm es sich anfühlt, egal, wie überwältigend oder herausfordernd es sein mag. Tun wir dies, verwandeln sich Schwächen in Stärken, Verwirrung in Klarheit, Ängste in Vertrauen, Wut in Gelassenheit, Mangel in Fülle.

7
Selbstachtung

Ich bin ich und niemand anderer.
Ich achte mich selbst,
indem ich meiner inneren Stimme folge.

Selbstachtung ist Ausdruck der Liebe zu mir selbst, der Wertschätzung dessen, was ich bin. Wollen wir vollständig Ganzheit erreichen, müssen wir es uns wert sein uns selbst zu lieben. Selbstachtung ist die Fähigkeit, das eigene Sein zu feiern. Diese Fähigkeit kann die ganze Welt verwandeln.

8
Selbsterkenntnis

Bevor ich meinen Blick nach außen wende,
schaue ich nach innen.
Ich fange bei mir selbst an.

Selbsterkenntnis wird möglich, indem ich nicht wie gewohnt
zuerst nach außen blicke und bei anderen die Ursache für
mein Wohl- oder Unwohlsein suche, sondern indem ich bei
mir selbst anfange, und zwar dort, wo ich mich im Augenblick befinde. Ich erkenn mich selbst, indem ich meine Ge-
sinnung immer wieder »in Frage stelle«: Was will ich wirklich? Entspricht das, was ich tue der Wahrheit? Handle ich
zum Wohl des Ganzen? Wie fühle ich mich in dieser Situation? Ganz oder getrennt?

9
Verantwortung

Ich übernehme hier und jetzt
Die volle Verantwortung für mein Handeln
Und für die Konsequenzen meines Handelns.

Ich übernehme jetzt, in der Gegenwart,
die Verantwortung für alles,
was in meiner Vergangenheit geschehen ist.

Verantwortungsvoll nutze ich
mein eigenes Potenzial.

Ich bin der Schöpfer meiner Wirklichkeit.

Selbstverantwortung wurzelt in der Anerkennung der Tatsache, dass die Gedanken meine Wahrnehmung bestimmen und sich mein innerer Zustand in meiner Umwelt widerspiegelt – dass ich selbst der Schöpfer meiner Lebenssituation und meines Erlebens bin. Der erwachende Mensch gibt daher nicht mehr der Welt und den Mitmenschen die Schuld. Vielmehr übernimmt er selbst die Verantwortung, und zwar: für sein Wahrnehmungen, für die Lösung seiner Konflikte, für die Schaffung positiver Umstände und dafür, seine eigenen Konditionierungen und Trennungsmuster nicht länger auszuagieren und dadurch anderen Menschen Leid zuzufügen. Diese Verantwortung kann er nur in der Bereitschaft übernehmen, allem gegenüberzutreten, was das Leben auf ihn zubringt, und nichts mehr zu meiden, was getan werden muss.

10
Vergebung

Ich löse mich von der Vergangenheit,
indem ich vergebe.
Ich löse unfreie karmische Bindungen auf,
indem ich vergebe.

Wer vergeben kann, hat gelernt, mit dem Herzen zu hören und dem Herzen zu folgen. Er vermag Trennendes in Verbindendes, Negatives in Positives, Dunkles in Lichtvolles, Zerstörerisches in Konstruktives, Hässliches in Schönes zu verwandeln und dadurch Ganzheit und Heilung zu erzeugen. Vergebung schenkt nicht nur mir selbst die Freiheit von geistigen Begrenzungen. Indem ich verzeihe, gebe ich alle Beteiligten aus dem gemeinsam errichteten Netz der Verstrickung frei. Fülle und nie versiegende Energie – alles ist im Überfluss vorhanden. Ich kann nehmen, was ich brauche. Ich kann loslassen, was nicht gut für mich ist.

11
Integrität

Durch das Hohe Selbst bin ich mit dem
Ganzen verbunden.
Im Juwel meines Herzens ruht das gesamte Universum.
Hier bin ich eins.
Eins mit ALLEM und eins mit meiner Kraft.

Integrität ist die Fähigkeit der Verbindlichkeit. Deshalb wird
sie mit Gerechtigkeit, Aufrichtigkeit und Fairness assoziiert.
So steht ein integrer Mensch mit beiden Beinen auf der erde
und genießt gleichzeitig den Kontakt »nach oben«. Er emp-
findet sich als aktives Bindeglied von Wahrheit und Wirklichkeit, und das verleiht ihm Sicherheit, Weisheit, Orientie-
rung und Kraft.

Zweite Ebene:
Verbindung von Herz und Verstand

Nur das Herz kennt die Wahrheit. Nur aus dem Herzen heraus können ausgewogene Entscheidungen zum richtigen
Zeitpunkt gefällt werden. Das Herz ist die Quelle der unge-
ahnten Möglichkeiten. Auf der zweiten Ebene wird das ge-
fühlsmäßig oder intuitiv Geahntes intellektuell erkannt und
verstandesmäßig bestätigt.

12
Klarheit,
Unterscheidende Weisheit

In meinem Herzen sprudelt die Quelle der Weisheit.
Ihr allein schenke ich Gehör.

Das Gewissen ist mein einziger Maßstab.

Es gibt unendlich viele Wirklichkeiten,
aber nur eine Wahrheit.
Wirklichkeiten sind willkürlich und vergänglich.
Die Wahrheit dagegen ist universal und ewig gültig.

Die Reinheit des Herzens öffnet uns die Augen. Wir erlangen
sensible Klarheit – ein subtiles Verständnis der Wahrheit,
welches das rational, intellektuelle Verstehen weit übersteigt.
Alles Überflüssige entfällt. Denken und Fühlen werden einfach, das Handeln zielgerichtet. Wir werden wesentlich,
bringen die Dinge auf den Punkt. Die Sinne sind geschärft,
die Gedanken ruhig wie ein Bergsee. Nun können wir auf
den Grund schauen.

13
Vertrauen

*Das Vertrauen in die Führung des Hohen Selbst
schenkt mir Urvertrauen.*

Urvertrauen ist Selbstvertrauen.

Vertrauen schenkt eine innere Sicherheit, die von keiner äußeren Sicherheit aufgewogen werden kann. Wir wissen uns von einer unsichtbaren Ordnung geführt. Wir fühlen uns beschützt, geborgen in den Elementen, genährt und getragen von der Lebensenergie. Wir empfinden uns nicht länger als ein vom Rest der Welt getrenntes Ich. Vielmehr erfahren wir uns eingebettet in ein Ganzes von unbeschreiblicher Süße, das uns Mutter und Vater zugleich ist. Das Universum ist Musik, die durch unsere Adern strömt, voller Wärme, voller Farben. Alles ist in Ordnung, alles ist richtig, so wie es ist. Nur aufgrund eines durch Herzensqualitäten gewachsenen Urvertrauens können wir eine eigene Lebensanschauung entwickeln und diese persönlich ausformen.

14
Offenheit,
Öffnung

Was auch immer mir
in der Welt des Wandels
begegnen mag –
ich halte mein Herz offen.

Ich blicke dem Neuen in die Augen
und atme mich in es hinein, bis ich
Wahrheit, Liebe und Freude empfinde.

Offenheit ist gleichbedeutend mit Empfänglichkeit: Ich bin empfänglich für die Wahrheit, für die Wirklichkeit, die anderen Menschen, die Natur, alle Wesen und Wesenheiten, für die Erde und das Universum, den Kosmos, für grenzenloses Bewusstsein, für die Liebe. In der Offenheit entdecken wir die Vollkommenheit des Seins. Offenheit ist ein Geschenk der Liebe und doch auch Resultat der bewussten Bemühung um spirituelle Öffnung. Diese geschieht nicht zufällig. Wir selbst führen sie herbei: durch den Mut der Wahrhaftigkeit; durch den festen Willen, die Verantwortung für unser Leben zu übernehmen; durch die Entwicklung von Herzensqualitäten.

15
Disziplin,
Ständige Ausrichtung

Ich will denken.
Ich will fühlen.
Ich will handeln.
Ich will der Sehnsucht
nach Vollkommenheit folgen.

Erst durch Disziplin verankern wir die Herzensqualitäten in unserem Alltag, hier in der Wirklichkeit. Es ist die ständige Ausrichtung auf die innere Stimme, die in Wahrheit, Liebe und Freude spricht. Ständige Ausrichtung bedeutet: sich immerfort an Ganzheit und grenzenlose Offenheit zu erinnern und in der Klarheit dieser Absicht zu bleiben; stets in Übereinstimmung mit der Wahrheit zu handeln; all unser Denken und Tun aus einer tiefen Liebe zu uns selbst und zum Ganzen erwachsen zu lassen; auf alles zu verzichten, was falsch, unwahr, unauthentisch, lieblos und freudlos ist.

16
Gehorsam

Lenke Du, innere Stimme,
meine Gedanken,
mein Fühlen und mein Tun,
damit ich die höchste Vorstellung
von mir selbst sein kann
und in allem das Richtige tue.

Gehorsam – gehorchen – kommt von hören: »Geh und horche!« Es ist die geistige Fähigkeit, die innere Stimme wahrzunehmen und ihr zu folgen. Wer konsequent der inneren Stimme folgt – ohne Vorlieben und Abneigungen – muss sich nicht länger um Disziplin bemühen. Er ist leidenschaftlich gerne diszipliniert. Denn er sieht in Disziplin und Gehorsam nicht nur eine immense Chance, sondern bezieht auch die Kraft aus ihnen, Negatives nach Belieben verwandeln zu können. Ein Leben ohne Anbindung an die Intelligenz des Herzens, ohne die Macht der Liebe wäre für ihn ein verschwendetes Leben.

17
Demut

*Der kosmische Wille geschehe
wie in der Wahrheit
so in der Wirklichkeit.*

Demut ist der Mut, sich dem Willen der Liebe und dem Drang der impliziten Ordnung zu überlassen; der Mut, meinen individuellen Willen mit dem kosmischen Willen in Einklang zu bringen. Das Zusammenspiel von individuellem und göttlichem Willen ist das, was Schöpfung ausmacht. In der Herzensqualität Demut vereint sich die individuelle Sehnsucht nach Vollkommenheit mit dem Willen des Ganzen zur Harmonie. Die innere Stimme signalisiert uns durch Freude, ob und wann diese Verbindung stattfindet und wie stark sie ist.

18
Aufmerksamkeit

Hier und jetzt tue ich, was getan werden muss.
Ich bin im Fluss der Einen Bewegung.

Wir werden Zeuge der Erkenntnis, dass wir gar nicht wichtig sind. Das, was wir sind und tun ist wichtig, die Bewegung, die wir auslösen, der Spirit, den wir einbringen, aber nicht ich als Person. Es geht nicht um Macht, deren Inhaber, Verteiler oder Verteidiger ich bin. Es geht einzig und allein um die Liebe, die hier und jetzt hindurchfließen und dabei eine paradiesische Wirklichkeit erschaffen will. Meine höchsten Vorstellungen sind Ausdruck der Sehnsucht nach Vollkommenheit. Diese Sehnsucht ist die Musik, die zwischen mir und der Welt erklingt. Es geht darum, meine tiefsten Träume wahr werden zu lassen. Aber nicht wegen mir, sondern weil dies etwas bewirkt, das die Welt braucht, um eine heile Welt zu sein.

19
Achtsamkeit

*Durch Achtsamkeit öffne ich mich
der Energie des Augenblicks.*

Achtsamkeit geschieht ohne Absicht, ohne Willensanstrengung. Es ist eine vollkommen entspannte und gleichzeitig vollkommen klare, absolut bewusste Art des Seins – frei von dem Drang, etwas erklären, einordnen, bewirken oder erreichen zu wollen. Achtsamkeit ist reine Gegenwärtigkeit. Einswerden mit den Augenblick, Aufgehen im Hier und Jetzt. Achtsames Gewahrsein ist die innige Umarmung des Hier und Jetzt, ein liebevolles, vorurteilsfreies Annehmen dessen, was gerade geschieht. Im achtsamen Gewahrsein sind wir Zeugen des Augenblicks. Zeugen dessen, was wir selbst gerade geschaffen haben, und gleichzeitig Zeugen dessen, was da ist.

20
Konzentration

Durch Konzentration lenke ich
die Energie des Augenblicks.

Konzentration garantiert, dass wir in allem unser Bestes geben und optimalen Gebrauch machen von allen verfügbaren
materiellen wie menschlichen Ressourcen – Energie, Intelligenz, Intuition, Sinnen und Empfindungen, Zeit und Gelegenheiten. Sie gewährleistet dabei auch ein konstante Ausrichtung auf die Liebe, um Verbindung statt Trennung und
Konstruktives statt Destruktives zu schaffen. Wenn wir uns
eine neue Umgangsweise mit unseren Energien aneignen,
brauchen wir den zwanghaften Rückblick nicht mehr. Denn
wir verändern Vergangenheit, indem wir im Hier und Jetzt
neu entscheiden und der höchsten Vision entgegen in die
Zukunft gehen.

21
Balance,
Ausgeglichenheit, Harmonie

Ich achte auf das Tun im Sein.

Der Weg in die Freiheit ist ein Weg auf Messers Schneide, ein ständiger Balanceakt zwischen Disziplin, Konzentration, Willensstärke und konsequentem Handeln einerseits und Absichslosigkei, Achtsamkeit, Sein, Vertrauen und Geschehen-Lassen andererseits. Gewinnen die aktiven Eigenschaften die Oberhand, arten sie in Kontrolle aus. Werden die passiven überbetont, bleibt unser Platz in der Welt unbesetzt. Vollendete Balance führt zur Ausgeglichenheit der Kräfte und damit zur Anpassung an die kosmische Ordnung. Wie oben, so unten. Dies bedingt Harmonie, innere Ruhe und emotionale Gelassenheit.

22
Geduld

Ich überlasse mich der Ordnung der Liebe,
die mich zum richtigen Zeitpunkt
an den Ort meiner Bestimmung führt.

Es fängt an, wenn die Zeit reif ist.

Geduld ist die Fähigkeit, sich ohne Kontrolle und ohne Druck, aber mit gelassener Bestimmtheit auf den »richtigen« Punkt hinzubewegen – auf jenen Kreuzpunkt von Raum, Zeit und Gelegenheit, an dem die Dinge perfekt zusammenpassen und sich Lösungen wie von selbst zu ergeben scheinen. Dieser Punkt ist der Punkt der Vollkommenheit.

Dritte Ebene:
Soziale Intelligenz und kosmisches Bewusstsein

23
Kommunikation

Das göttliche in mir
grüßt das Göttliche in dir.

Wir alle sind miteinander verbunden. Aber erst durch Kommunikation kann unsere Schöpfung zu wirken beginnen. Fände unsere Schöpfung niemanden, der mit ihr spielt, wäre sie ohne Sinn. Kommunizieren meint: sich gegenseitig inspirieren, teilen. Die Energien fließen in natürlichem Austausch. Es ist ein Geben und Nehmen ohne Hintergedanken an mögliche Verluste, ohne Gier und ohne Verkrampfung. Im Stadium vollendeter Kommunikation ist das Spiel so vertraut, die Übereinstimmung so erfüllend, die Nähe so groß, dass wir uns selbst vergessen und auch der andere in seinem Anderssein nicht mehr existiert. In jeder liebevollen Begegnung liegt eine Botschaft verborgen, die unsere Entwicklung vorantreibt. Von der Einen Bewegung geführt und aus der Wahrheit genährt, geschieht in solchen Begegnungen das, was geschehen soll.

24
Freundschaft
Freundlichkeit

Ich segne dich.

Freundschaft erschließt sich durch Achtsamkeit und geht Seite an Seite mit Selbstachtung. Wir öffnen uns der Wahrheit des anderen und gewähren ihr Raum, während wir gleichzeitig der eigenen Wahrhaftigkeit Ausdruck verleihen. Wenn wir im Herzen verankert sind, können wir Gedanken und Gefühle selbstverständlich, klar und liebevoll äußern – ohne Zögern und ohne Scheu, ohne die Angst, zurückgewiesen zu werden. Solange wir achtsam und voller Interesse für den anderen bleiben, wird er sich nicht von uns angegriffen, bedroht, beleidigt, herabgesetzt oder kritisiert fühlen. Ein jeder befindet sich in Sicherheit – in seiner ureigenen Stärke. Gegenseitig verhilft man sich, das höchste Potential zu leben.

25
Mitgefühl

Ich bin bei dir.
Ich verstehe dich.
Gemeinsam finden wir eine Lösung.

Im Mitgefühl schwingen wir uns auf die Energie eines Menschen ein und werden für einen Augenblick eins mit ihm. Es ist ein Wahrnehmen mit allen Sinnen, durch das wir nicht nur seine Worte vernehmen, sondern das tiefere Anliegen dieses Menschen erspüren – seine Gefühle, das, was in seinem Herzen vor sich geht. Wir öffnen uns für die Wahrheit dieses Menschen, ohne seine Situation interpretieren zu wollen. Durch Mitgefühl tragen wir nicht nur zur Heilung anderer bei. In erster Linie heilen wir uns dadurch selbst. Letztendlich lehrt uns Mitgefühl, dass alles, war wir anderen geben, wir uns in Wirklichkeit selbst schenken.

26
Toleranz

Ich bin offen für die Vielfalt,
in der ich die Einheit erkenne.

Und allmählich erkennen wir: Es gibt nur einen Gott, und
Der ist allgegenwärtig. Es gibt nur ein Volk, und das ist die
Menschheit. Es gibt nur eine Religion, die Religion der Lie-
be. Es gibt nur eine Sprache, die Sprache des Herzens. Der
Intellekt sieht die Vielfalt. Die Intelligenz der Liebe aber er-
kennt die Einheit in der Vielfalt.

27
Wertschätzung
Würdigung

Ich würdige und genieße die Welt,
jeden Menschen,
jedes Wesen, jedes Ding
und jede Situation.

Durch Wertschätzung entsteht eine freilassende Nähe. In dieser Nähe dürfen wir das Wesen des anderen erfahren, seine Geheimnisse entdecken, Neues finden und Unentdecktes erforschen. Nur durch Wertschätzung können wir Betrachtetes in seiner Wahrheit erspüren, ohne das Eigentliche durch das Urteil der Projektion zu entstellen. Nur mit den Augen der Liebe können wir ES erfahren – in jedem Menschen, der uns begegnet, und in allem was in unser Leben tritt. Wenn wir etwas oder jemanden zu würdigen verstehen, »ernten« wir dessen Wert und lernen ohne Unterlass.

28
Humor

Vollkommen unvollkommen
Lacht mich – ha! – das Leben an.

Hinter jeder Schwäche
Versteckt sich eine Herzensgabe.

Humor ist die königliche Eigenschaft, die Unvollkommen-
heiten der Existenz mit einem wohlwollenden Lächeln zu
umarmen und in den Schattenseiten des Lebens den Glanz
der Vollkommenheit zu entdecken. Das Herz öffnet sich für
den reinen unverfälschten Moment, in dem nichts als Wahrheit, Liebe und Freude existiert – als starke Kraftquelle spiri-
tueller Energie. Das Leben verwandelt sich mit all seinen
Höhenflügen und Talfahrten in eine Bühne, auf der sich die
göttliche Komödie abspielt. Ja, das Leben selbst wird zum
Spiel.

29
Friede
Friedfertigkeit

Durch meinen inneren Frieden
trage ich
zum äußeren Frieden bei.

Jede Veränderung – und mag sie noch so klein sein – beeinflusst auch das Ganze und hat daher eine universale, kosmische Wirkung. Jede Form von Trennung, die wir durch Liebe überwinden, kann unvorhersehbare Auswirkungen haben. Tatsächlich vermag jeder Einzelne von uns Berge zu versetzen. Und nicht nur das: Wenn wir aktiv am Ganzen teilhaben, teilen und uns mitteilen, füreinander da sind und uns einfach an den Händen halten, wenn wir ausnahmslos an jedes Geschöpf unsere Liebe verströmen, dann holen wir den Himmel auf Erden.

30
Hingabe

Der Amo-Stern

Ich
Ich bin.
Ich bin Liebe.
Ich öffne mich der Liebe.
Ich überlasse mich vollständig der Liebe.
Ich lenke Liebe in all mein Sein und Tun.
Ich liebe, also bin ich.
Amo ergo sum.
Ich bin.
Ich

Letztendlich ist der gesamte Selbstrealistionsprozess sehr einfach. Alles, was wir dafür tun müssen: uns immer wieder der Liebe öffnen – der Liebe, die wir sind – und uns hingeben an diese Liebe. Es geht darum, sich immer wieder an die Liebe hinzugeben.

31
Bedingungslosigkeit

Ich liebe dich, wie du bist.
Ich ehre deine Entscheidungen.
Ich würdige deine Gedanken und Handlungen.
Ich weiß, dass es wichtig ist, dass du genau
der Mensch bist, der du sein möchtest.
Ich unterstütze dich darin,
dieser Mensch zu sein – frei zu sein.
Ich sehe, dass du mein Bruder, meine Schwester bist,
selbst wenn du an einem anderen Ort geboren wurdest
und eine andere Sprache sprichst.
Die Liebe, die ich fühle, gilt der ganzen Schöpfung.
Ich hege Liebe für jeden Menschen, jedes Tier, jeden
Baum und jede Blume, für jeden Vogel, jeden Fluss und
jeden Ozean und für alle Geschöpfe dieser Welt.
Ich verbringe mein Leben in liebendem Dienst
und bin dabei das beste Ich, das ich sein kann.
Ich verstehe die Vollkommenheit göttlicher Wahrheit
immer mehr und werde immer glücklicher
in der Heiterkeit

Im Zustand der Bedingungslosigkeit befinden wir uns fest an der Hand der inneren Führung, die sowohl persönlich als auch überpersönlich ist. Wir folgen ihr ohne Zögern – im vollständigen Vertrauen auf die Ordnung des Ganzen.

32
Freiheit

Mein innerster Kern ist frei.
Hier und jetzt.
Immer und überall.

In der allumfassenden Liebe bin ich frei.

Einem freien, ganzen Menschen stehen alle Bewusstseinsebenen offen. Für ihn gibt es keine verschlossenen Türen mehr. Er hat die Prüfungen der Liebe bestanden. Er bewegt sich frei zwischen diesen Ebenen und verfügt über das gesamte Spektrum des Bewusstseins. Er hat keine Gruppenanweisungen und keinen moralischen Sittenkodex mehr nötig. Aufs Engste verbunden mit der Wahrheit, folgt er seinen eigenen inneren Impulsen. Er ist frei von Angst und Trennung.

33
Dankbarkeit

Gebet
Ich bin dankbar.
Dankbar für das Geschenk des Lebens.
Dankbar für das Erkennen, das mir zuteil wird.
Dankbar für die Lebenskraft und die allumfassende Liebe,
mit der ich jeden Augenblick verbunden bin.

Ich bin dankbar für die Menschen,
mit denen ich ALLES teilen kann.
Dankbar für die Schönheit,
die ich erfahre und
die ich selbst verströmen darf.

Ich bin dankbar für das Geschenk
der Gegenwart, das mir die Möglichkeit bietet,
weiter zu wachsen
und mein Potenzial immer mehr zu entfalten.

Ich bin dankbar dafür,
dass ich dankbar sein kann.

Ein aufrichtiges Dankeschön bildet die magische Zauberformel des Empfangens. Letztendlich ist Dankbarkeit gleichbedeutend mit Empfangen: mit dem Empfangen der kosmischen Lebenskraft, die wir auch göttliche Liebe nennen. Dankbarkeit öffnet dir die Augen für den Reichtum und die Schönheit der Welt, für die Vollkommenheit des Selbst. Dankbarkeit lässt dich erkennen, was du wirklich hast. Es ist nicht so, wie du bisher glaubtest, dass du zuerst haben musst, um letztlich dafür dankbar sein zu können. Nein, es verhält sich genau umgekehrt. Es ist die Dankbarkeit, die dich bereit macht zu empfangen.

Du bist bereit …

Der Himmel auf Erden

Entfaltung des eigenen Potentials

Langsam fühlte es sich für die Suchenden an, als wären sie zu Hause angekommen. Ihr Herz, das jetzt ahnte und auch manchmal wusste, wie sich Vollkommenheit anfühlte, hatte jetzt nur noch ein Ziel: Ihre Sehnsucht nach dieser Ganzheit, ihr Leben mit dieser Wahrheit zu durchdringen und das zu verwirklichen, was ihren ganz eigenen höchsten Vorstellungen entsprach.

Oh, wie wunderbar, wie WUNDERBAR sich das immer wieder anfühlte.

War es tatsächlich möglich erleuchtet zu leben, ohne erleuchtet zu sein?

So einfach war es natürlich nicht.

Sie mussten sich jeden Augenblick entscheiden.

Das hieß, in der Herzensbalance sein. Immer wieder entscheiden, zwischen dem, was dem Leben diente, und dem was sie vom Leben abschnitt. Was gesehen und was gelebt werden wollte.

Es ging nur noch um den Augenblick.

Nicht – was will ich vom Leben.

Sondern – was will das Leben von mir.

Manchmal wurde es richtig abenteuerlich.

Einfach lieben, nichts mehr wollen, das Leben entscheiden lassen?

Keine Vergangenheit, keine Zukunft mehr, nur noch das Hier und Jetzt?

Zugeben, dass sie nicht mehr weiter wussten?

Obwohl sie doch dauernd nach Lösungen suchten?

Vor allen Dingen – keine Ausreden mehr.

Die beliebteste – ab morgen. Erst wenn alles erledigt, alles bereinigt war, dann wollte man anfangen. Gerne auch – keine Zeit. Und so ganz im geheimen tauchte auch immer mal die Frage auf, ob man denn wirklich Veränderungen wollte.

Es ging nicht mehr darum, Vorstellungen zu haben, wie es sein sollte, keine Lösungen mehr zu suchen oder Schubladen herauszuziehen. Es ging auch nicht mehr darum wegzurennen, Mauern zu bauen, oder – auch ganz beliebt – zu denken, sie hätten es nicht verdient. Sie wussten jetzt, all das trennte, verbaute den Zugang zum Paradies.

Trauten sie sich das zu?

In letzter Konsequenz alles für ihr Leben zu tun?

Nur noch die Liebe zu leben?

80

Im Augenblick zu sein?

Es braucht sehr viel Übung!

Was ihnen dabei half, war die Achtsamkeit und die Konzentration.

Im Hier und Jetzt zu sein verlangte ein hohes Maß an Achtsamkeit von den Suchenden. Es brauchte Wahrhaftigkeit und Liebe. Allein dadurch öffnete sich für sie das Bewusstsein für das Hier und Jetzt. Es war das Einverstanden sein mit dem Augenblick: Jetzt ist es da, so ist es gut!

Die Ordnung des ganzen wirkte durch sie, wenn sie in der Liebe waren.

Die Suchenden nahmen plötzlich Stimmungen und Atmosphären wahr, die sie so früher nicht bemerkt hatten. Sogar ihr Körper ließ sie plötzlich genauer wissen, wie er sich fühlte. Und sie wussten inzwischen, dass alles, was jetzt an die Oberfläche kam, sei es Wut, Trauer oder Schuldgefühle, nur hoch kam, um geheilt zu werden.

Wenn sie achtsam genug waren, merkten sie, dass durch diesen wahrgenommen Augenblick Intuition und Lebensenergie entstand und sich zeigte, was gelebt, umgesetzt werden wollte. Und mit Hilfe der Konzentration konnten sie diese Energie bündeln und mit aller Kraft für ihre Träume, Visionen und Ziele einsetzen.

Sie hatten das Wissen, die Gelegenheiten beim Schopfe zu packen.

Keine Taktung mehr, kein Brett vor dem Kopf, keine Dumpf-
heit und Leere mehr, dafür diese Ahnung von Lösung, das
Gefühl für den richtigen Zeitpunkt. Schon allein der Gedanke brachte die Suchenden zum Seufzen. Kein müssen, kein
sollen mehr. Dafür Unbeschwertheit, Leichtigkeit, Lebendig-
keit. Ballast fiel ab, es war plötzlich immer die Möglichkeit
da, dass sich eine Tür öffnete.

Keine Vorstellungen mehr haben zu müssen, wie sie sein
sollten, sie konnten sich fallen lassen,es passieren lassen.
Und so geschah das Wunder – es kamen Gelegenheiten. Sie
hatten Kairos ins Leben geholt. Sie trauten sich unbekannte
Wege zu gehen. Immer öfter machten sie den richtigen
Schritt zur richtigen Zeit, dadurch entstand eine wunderbare
Leichtigkeit.

Die Suchenden waren wach.

Nahmen Chancen wahr.

Ließen ihr Licht leuchten.

Waren Künstler der Schöpfung, keine Mechaniker mehr.

Ihre Gedanken wurden freier.

Das Gefühl grenzenloser Freiheit war da.

Ihr Leben wurde lebendig, lustvoll, großzügig.

Kreativität, Fülle, schöpferische Kraft, alles war plötzlich da.

Da war kein Wille mehr, die Freude am Tun entstand ohne
alles Zutun. Sie ließen sich in dieses Gefühl fallen, in dem

sie sich bewegten wie in einem Fluss und alles, was sie gelernt hatten, entfaltete sich in ihren Herzen. Da war nur noch Seligkeit des Augenblicks. Und erst, wenn sie sich plötzlich wieder an das Gefühl des Müssens erinnerten, dann fielen sie hinaus und alles wurde wieder Anstrengung.

Und dann verloren sie wieder leicht den Boden unter den Füssen.

Manche verzagten, zweifelten an sich, wussten wieder nicht mehr, wie es weitergehen sollte. Dann hieß es wieder, leer werden, ganz leer, durchatmen,

frei werden für alles.

Denn sie waren ja verbunden mit allem.

Deshalb ging es gar nicht, dass da nichts mehr kam.

Und weil sie verbunden waren, fand immer wieder Entscheidendes statt.

Es ging immer weiter.

In Ringen, hinaus, tiefer hinein, mehr verstehen, hinaus, mehr verstehen.

Und so wuchsen sie.

Sie wirkten.

Sie waren die Wirkung.

Und taten, was getan werden musste.

Immer nur der nächste Schritt.

Nicht die ganze Aufgabe.

Es galt, sich überraschen zu lassen, den Schmerz der Wahrheit nicht zu scheuen und tun, was getan werden musste. Im Fluss der einen Bewegung, der Schöpfungsbewegung, der Liebe.

Den Suchenden klopfte das Herz. Das Wilde war in ihrem Herzen wachgeküsst worden, sie trauten sich plötzlich, leidenschaftlich zu leben, blitzschnell zu entscheiden, auf Messers Schneide zu tanzen »unbewusst – bewusst«, »verführerisch – wahr, klar«, »Verantwortung abgeben – Verantwortung übernehmen«.

Das Leben war ein Abenteuer geworden.

Die Zeit war reif für ALLES.

Ihre Seele wollte nur noch jubeln.

So viele Gelegenheiten in die Freude zu gehen, sich angebunden fühlen bei den Herausforderungen, die auf sie warteten. Keine Verpflichtung, keine Leistung mehr.

Nur die Verantwortung trug sie genau an den Punkt, wo sie sich ergeben mussten. An den Punkt, wo sie sein mussten, wo andere Gesetze schwingen, göttliche Gesetze. Genau da war es wichtig, das größere Wissen über die Schwelle in den Alltag zu bringen.

Die Erkenntnis lehrte sie, dass sie nichts sind.

Die Liebe lehrte sie, dass sie alles sind.

Und dazwischen floss das Leben.

Die Suchenden empfanden tiefste Freude und feierten und tanzten übermütig die ganze Nacht hindurch. Shalima fühlte, dass sie ihnen noch einmal etwas ganz Wichtiges ins Herz erinnern musste. Sie versammelte sie um sich und fragte: »Und was ist jetzt eigentlich das Wichtigste?« Und die Antworten, die Liebe, den Augenblick leben, Achtsamkeit, sie waren alle richtig, aber etwas ganz Wesentliches fehlte.

Und als Shalima es ihnen sagte, war eine große Betroffenheit und Ratlosigkeit unter ihnen, hatte doch wirklich keiner von ihnen mehr daran gedacht.

Es ging um die vier Säulen der Zivilisation.

Und die Suchenden erinnerten sich: Materialismus, Mechanismus, Rationalismus, Patriarchat. Die Trennung. Trennung vom geistigen, spirituellen, Trennung von der Kreativität, alles war relativ, alles belegbar, alles beliebig, keine echten Werte mehr, kein Vertrauen, keine Intuition, nichts gemeinsames, verbundenes mehr. Nur noch die Suche im außen nach Schuld und Schuldigen. Insbesondere die Familien und Beziehungen litten darunter, aber auch am Arbeitsplatz, in der Gesellschaft, den Medien, das ganze Verhältnis der Menschen zur Natur, zum ganzen Planeten krankte an diesem System. Sie waren alle mittendrin.

Weil die eigene Kraft in so einem Umfeld sich völlig erschöpft und »irgendwie« durch die vier Säulen verschwindet. Und so macht sich überall »Dumpfbackigkeit« breit.

Bedienen und bedienen lassen war die Devise. Träge sein, es sich recht machen lassen, beflissen sein, nur Vorteile sehen wollen.

Wer kannte es nicht …

Die Menschen litten sehr an diesen vier Säulen, dadurch hatten sie Angst.

Manchmal war es so schlimm, dass sie sogar Angst vor der Angst hatten.

Und genau deshalb durfte dieses System einfach nicht mehr bedient werden.

Es wurde ihnen erzählt, dass dies inzwischen viele erkannten. Überall brodelte es. Aus allen Ecken kamen neue Einsichten in innere Zusammenhänge, und es entstanden viele neue Kombinationen von Spiritualität. Aber auch sie entwurzelten mit neuen Visionen. Weil alles, wirklich alles wieder durch die vier Säulen angeschaut wurde.

Und als die Suchenden noch einmal ganz bewusst auf dieses Thema schauten, machte das etwas mit ihnen. Sie erkannten, sie lebten tatsächlich inmitten dieser Trennung, sie unterstützten unbewusst diese Trennung, sie waren sogar manchmal die vier Säulen …

Und so wurde es noch wichtiger, achtsam zu sein:

Hinschauen – aushalten – nicht flüchten wollen.

Dieses Nichtwissen auszuhalten.

Nicht bewerten, nicht zu beurteilen,

das was man sieht, einfach so stehen zu lassen.

Nur dieses eine Wort.

Aha –

Sonst nichts.

Es kam nur noch darauf an sich berühren zu lassen,

nicht gleich wieder konsumieren, das Schöne haben wollen.

Denn da ist so vieles, was nicht schön ist …

Für jeden einzelnen zählte nur noch eins: sich auf den Prozess einzulassen.

Nur dann »wirkt« etwas, ihre Wirklichkeit wurde lebendig.

Denn die einzige Autorität ist und war ihre innere Quelle.

Ab sofort sollten die vier Säulen nichts anderes mehr als ihr »Sehwerkzeug« sein.

Und die Suchenden versprachen:

Hinzuschauen.

Sich wirklich zu stellen.

Es auszuhalten.

Hellwach, klar zu sein.

Nicht wegzurennen.

Denn in die eigene Kraft zu gehen und unseren Mitmenschen die Kraft dazu zu geben, das war das neue Miteinander von Mensch zu Mensch.

Das war Weltrealisation durch Selbstrealisation.

Und es wurde ihnen tief in ihre Herzen gesenkt, niemals aufzuhören und immer neu anzufangen. Denn eigentlich war es ein »ich will« oder »ich will nicht«. Es ging nicht mehr darum zu folgen, zu müssen, zu wissen, zu tun, es ging nur noch ums »gehorchen«. Und die Suchenden fühlten eine tiefe Demut, erkannten sie doch das Prinzip, dass das Göttliche und das Menschliche bewusst verbunden werden konnte, und zwar immer im hier und jetzt, genau in diesem Augenblick.

Die Entscheidung

Es war soweit.

Die Suchenden durften langsam ihren Platz im Ganzen einnehmen.

Sie hatten darauf geachtet, dass ihre Dinge in Ordnung waren.

Sie wussten, was jetzt anstand.

Sie hatten eine klare innere Ausrichtung.

Sie gaben ihr Bestes.

Sie lebten, was sie wussten.

Sie teilten, was sie hatten.

Sie verbanden, statt zu trennen.

Sie trainierten in der Balance zu sein, hier und jetzt, die Welle zu reiten.

Und sie gingen in die Freude und nahmen daher den großen spirituellen Auftrag an.

Und es war ihnen auch ernst damit, nicht zu ruhen bis an den Punkt, an dem ihre eigene innere Stimme ihnen sagen würde: so ist es gut.

Das einzige was noch fehlte, war die Entscheidung.

Und sie waren bereit.

Es war ein ganz besonderer Tag.

Festliche Kleidung wurde angelegt, die »Perlen der Weisheit« strahlten mit den angezündeten Kerzen um die Wette und ein wunderbar duftender Rosenstrauß brachte noch mehr Schönheit in den Saal. Shalima erinnerte sie noch einmal an ihren Auftrag, ES hinauszutragen, zu verströmen, ihr Potential zu leben, ihr Licht leuchten zu lassen, mutig, wild, kraftvoll zu sein, Tigerqualität zu zeigen aber auch geduldig mit sich selbst zu sein, denn: »Liebe will erkannt werden um SEIN zu können, sonst »ruckelt« es immer wieder vor sich hin. Und wenn ihr so einen »Knubbel« im Weg habt, sagt einfach oh, da ist es ja, das Leben«. Und alle lachten.

Danach wurde es spürbar ruhig. Den ganzen Tag über meditierten sie, holten ihr Bewusstsein ins Herz und verstärkten ihre Energie durch ihren ganz persönlichen Klang, der im Moment der Schönste war. Und am Abend war ein wunderbares Licht im Raum, eine tiefe Stille, die Liebe.

Und die Hüterin des Regenbogens kam zu ihnen und ließ sie in ihren Herzen die Frage wahrnehmen: »Bin ich bereit für die klare Entscheidung, nämlich ein Ja zu mir, ein Ja zum

Leben, ein Ja zur Liebe auszusprechen und diesem Ja zu folgen?«

Und die Suchenden beugten sich in tiefer Demut und fühlten ihr Ja in ihrer innersten Quelle. Und da dieses Ja aus vollstem Herzen kam, passierte etwas Wunderbares. Die innere Stimme erwachte und die innere Führung nahm sie an der Hand und leitete sie in das Kraftfeld von Wahrheit und Wirklichkeit.

Und es geschahen Wunder,

es passierten Fügungen,

Kreise schlossen sich,

Paradieswege wurden entdeckt,

neue Orte durften erobert werden,

das Leben wurde ein Abenteuer,

ein Tanz.

Ein göttliches Lachen.

HERRLICH!

Konnte das wahr sein, dass es so schön ist?

Ja, es konnte, denn die Wunder basieren auf Gesetzen.

Auf diese Weise entstehen die großen Kunstwerke, große Gedanken, Entdeckungen, ja sogar die große Liebe. Es sind Geschenke des Lebens. Denn da wo Stimmigkeit und Harmonie herrscht, hat alles seinen richtigen Platz.

Es war soweit, die Suchenden waren angekommen ihren Platz einzunehmen und den Himmel auf die Erde zu bringen.

Sie fühlten nur noch Dankbarkeit.

Hatten sie doch das größte Geschenk des Lebens erhalten, ganz sie selbst sein zu dürfen. Und damit machten sie auch den anderen ein wunderbares Geschenk, entfaltete sich auf diese Weise doch eine große Hingabe an die Liebe im Tun und Sein untereinander.

Die neuen Liebenden und Shalima saßen am Ende dieses Tagen noch lange zusammen. Tiefe Liebe und Dankbarkeit war in jedem von ihnen. Und mit diesem Gefühl im Herzen fing jeder an, seinen ganz eigenen Ton zu summen, der eine leise, der andere volltönend. Der eigene Ton verschwand in dem gemeinsamen Ton und zusammen erklang eine Symphonie voll innigem Jubel und überschäumender Freude. Kein Ziel, kein Ergebnis, jeder gab, was er zu geben hatte und so war es gut.

Jede Geschichte hat ein Ende, aber diese Geschichte geht weiter.

... und so geht es weiter

Die Suchenden waren keine Suchenden mehr.

Sie waren Liebende geworden.

Wenn das kein Grund zum Feiern war.

Alle nahmen daran teil. Die Liebenden, die noch Suchenden, alle Naturgeister und Himmelswesen, Shalima, die die ewige Erinnerung an die Herzensliebe in sich trägt, die wunderbare »Lehrerin des Augenblicks« (Alev Kowalzik), alle die Lust und Freude und die Liebe zum Feiern hatten, waren dabei. Die Tische bogen sich unter den köstlichsten Köstlichkeiten. Sie aßen und tranken und sangen, und bis tief in die Nacht hinein hörte man noch fröhliches Lachen. Die Holzdielen des Meditationsraums bebten und knarrten, so ausgelassen wurde getanzt. Die Fünkchen, die Feste lieben, schwirrten so begeistert zwischen den Tanzenden umher, dass sie manchmal fast das Gleichgewicht verloren. Es war ein magisches Fest, denn durch alle Räume schwebte der Ton der Liebe.

Der eine oder andere ging leise aus dem Festsaal, stellte sich unter den Sternenhimmel und wollte diesen ganz besonderen Moment noch einmal in aller Stille genießen. Auch eine Feier. Eine Feierlichkeit.

Und die Zeit verging.

Immer mehr Menschen teilten diese herzöffnende Reise mit Shalima, der Magierin, die in Liebe Brücken baut und schon viele Mauern eingerissen hatte. Und jedes Mal passierte dasselbe: Sobald die Menschen es erfahren und durchlebt hatten, passierte etwas mit ihren Herzen, so dass sie es weitergeben mussten. Es gibt Bewegungen im Herzen, die muss man einfach teilen, es geht gar nicht anders.

Und jedem Menschen, der sich wirklich darauf einließ, passierte dasselbe.

Er ließ sich berühren, berührte.

Und es wurden immer mehr und mehr und mehr.

Da war eine große Freude zwischen Himmel und Erde, entwickelte sich doch alles gut hin zu der Prophezeiung, dass sich irgendwann die Menschen alle in Liebe zugetan und den Himmel auf die Erde bringen würden. Und sie dann alle wissen und spüren würden, das Paradies ist JETZT!

Und wenn es dann soweit ist, dann klopfen die Herzen nicht mehr, sie tanzen.

Und überall sind Weise, die nicht handeln, sondern verwandeln.

Und »die eine Bewegung«, immer wieder, einfalten, ausfalten, in wachsenden Ringen, immer tiefer hinein und wieder neu hinaus, dieses Wissen wird hinausgetragen, verströmt, gelebt und alle freuen sich diesen Weg zu gehen, gibt es ihrem Leben doch immer mehr Tiefe.

Die Geschichte, wie ich sie selbst so erlebt habe, ist jetzt zu Ende und es kann beginnen:

Der Sprung ins Neue,
jede Sekunde Schöpfung.
Nicht, dass wir jetzt etwas hätten,
auf das wir bauen können, nein,
es ist allein das Vertrauen darauf, dass wir fliegen können.
Das Wesen des Ganzen ist Liebe.
Alles steht bereit.
Leben wir es.

Es geht nur noch um eins:
Liebe und tu was du willst.
Augustinus

Amo ergo sum
Ich liebe also bin ich

Und ganz zum Schluss

… so atmest du ein Leben lang, dachte er. Du atmest ein Leben lang, und das ist die Liebe. Du siehst die Sterne und das Meer und ein ganzes Leben, und das ist die Liebe. Du ruderst los an stillen Morgen, und das ist die Liebe, und der Fisch im Netz ist die Liebe. Jeder Blick, jeder Atemzug ist ein Gebet, ohne dass du es weißt. Und jeder Ruderschlag und jedes silberzappelnde Leben ein Choral.

Erik Fosnes Hansen »Momente der Geborgenheit«

Aber das ist eine andere Geschichte …

Quellennachweis und Inspiration

Christina Kessler »amo ergo sum«
Christina Kessler »amo ergo sum – das Arbeitsbuch«
Christina Kessler »Die 33 Herzensqualitäten«
Alle Naturgeister und für das, was sie stehen ist aus dem
    Buch von Alexa Kriele »Von Naturgeistern lernen«
Michael Ende »Momo«
Peter Horton »Winterflüstern« CD
Jan-Philipp Sendker »Das Herzenhören«
Tania Blixen »Afrika, dunkel lockende Welt«
Newsletter Alev Kowalzik
Newsletter Frischmut
Preethi Nair »Koriandergrün und Safranrot«
Abschlussarbeit amo ergo sum von Sybilla Leu und Renato
    Gerussi
Unsere Protokolle, die festhielten, wie wir ES erlebt haben

Ein herzliches Danke an Friedrich Hechelmann, der mir das Bild »Der große Reigen« freundlicherweise zur Verfügung gestellt hat.

Und ein inniges Danke an alle Menschen, mit denen ich diese Erfahrungen teilen darf.

Zeitfracht Medien GmbH
Ferdinand-Jühlke-Straße 7
99095 Erfurt, Deutschland
produktsicherheit@kolibri360.de